Papa, pourquoi y a-t-il deux présidents dans ton pays ?

À tous les enfants victimes de la crise politique ivoirienne.

Malheureusement, dans beaucoup de pays africains, quand des dirigeants arrivent au pouvoir, leurs populations doivent s'apprêter à aller déblayer les ruines qu'ils vont laisser, des ruines de toutes sortes…

Blaise Mouchi Ahua

Papa, pourquoi y a-t-il deux présidents dans ton pays ?

Quand un adolescent s'interroge sur la politique en Afrique…

© 2011 Blaise Mouchi Ahua
Couverture : Didier Viodé
Édition : Books on Demand, 12/14 rond-point des Champs Elysées, 75008 Paris, France.
Imprimé par Books on Demand GmbH, Norderstedt, Allemagne.
3ème Édition (septembre 2013, texte revu)
ISBN 9782810611546

Avant-propos

Dans ce contexte particulier et complexe de la crise postélectorale de la Côte d'Ivoire, depuis l'élection présidentielle du 28 novembre 2010, j'aurais pu me consacrer dans ce petit écrit à soutenir tel ou tel candidat, comme les journalistes apportent leur caution à un candidat X, comme les artistes le font pour un candidat Y. C'est leur droit ! Mon objectif n'est pas celui-là.

En tant que passionné de littérature et auteur, j'ai tout d'abord pensé à nos progénitures : ces enfants innocents, victimes de la folie des hommes politiques, ces enfants qui auront pour tâche demain de se montrer capables de relever les durs défis qui attendent chacun de nos pays d'Afrique ; ce continent riche aux populations pauvres, ce continent en proie à toutes sortes de préjugés, mais le continent d'avenir, d'espérance.

Dans ce petit ouvrage, dédié aux enfants victimes de la crise politique ivoirienne, j'ai voulu apporter ma contribution en racontant, à ma manière, mais tout en m'efforçant d'être objectif, cette crise politique complexe en Côte d'Ivoire caractérisée en ce moment par deux présidents proclamés. Je sais, une telle entreprise aussi subjective – d'autant qu'elle est un acte de dire – ne peut être à l'abri d'objections et de critiques.

L'objectif étant de mettre au jour ces informations liées à cette honteuse crise politique tout autant importantes qu'on ne trouve jamais dans les journaux des médias occidentaux, tout en fustigeant le comportement des politiciens.

Puisse ce petit ouvrage, qui est en somme une vue d'ensemble de la crise politique en Côte d'Ivoire, qui a fait couler beaucoup d'encre et de salive, créer débat au sein des sociétés dans lesquelles nous séjournons. Et dans ce débat, je me réjouirais des remarques et suggestions en vue de la rédaction de la suite des événements.

Je vous remercie par avance.

1

Ce que les politiciens nous disent et ce qu'ils nous cachent...

Moi j'adore les politiciens. Je les adore parce que je les vois toujours en train de faire des discours. C'est pourquoi j'aime regarder la télé. Mon papa, lui, je crois qu'il n'aime pas les discours, surtout ceux des politiciens. Vous savez pourquoi ?

Il m'a dit qu'en politique il faut savoir faire des discours qui puissent plaire. Je n'avais rien dit. Il s'était étonné un peu, je l'ai remarqué. Car d'habitude, je réplique. Je lui pose beaucoup de questions en retour. Je n'ai rien dit parce que je me demandais si ce n'était pas les discours des politiciens qui l'ont poussé à fuir son pays pour émigrer ici, dans ce pays d'Europe. Je n'ai rien dit parce que s'il n'avait pas quitté son pays, je n'aurais pas été un Européen. Un Européen dont le pays est une grande puissance ! Pas comme ces grands pays, ces vastes pays africains, noirs africains qui sont loin, très loin de devenir de grandes puissances, dont les présidents ne se soucient même pas d'être présidents de grandes puissances pour avoir un jour la chance de participer aux réunions, aux sommets des grandes puissances qu'on appelle « G ». C'est une remarque que j'ai retenue d'un ami de mon père, un compatriote, qui a du mal, je crois, à s'abstenir de parler de politique quand il vient chez nous.

Je l'ai dit. Moi, je suis un Européen. Je suis un Noir européen. Mon père est africain, un Africain noir. Ma mère aussi, elle est noire européenne comme moi.

Je suis né en Europe. L'Afrique, ce continent – j'ai failli dire ce pays –, j'y suis allé une fois quand j'étais tout petit ! Mais je le connais. Je sais ce qui se passe souvent là-bas. Vous vous demandez sans doute comment ? Et moi, je vous réponds : à la télévision. Je n'en dirai pas plus.

C'est mon père qui me dit tout le temps que je suis européen. Il me dit toujours de me sentir européen. Je ne sais pas s'il en a marre, lui, d'être un Africain, un noir Africain. C'est vrai, je suis européen. J'ai une carte nationale d'identité comme les autres, les Blancs, mes amis blancs. Mais, au fond de moi, je sais que nous ne sommes pas les mêmes. Il n'y a qu'à regarder nos têtes, nos cheveux, nos nez, nos peaux. Nous ne sommes pas les mêmes, il n'y a qu'à voir comment les gens nous accueillent souvent, comment les gens parlent de nous, comment les gens nous qualifient : Européens d'origine X ou Y, ou bien Européens issus d'immigration. Nous ne sommes pas les mêmes mais nous avons le même passeport, le même droit ; nous appartenons à la même identité. C'est l'essentiel !

Je suis un Noir européen, et mon père est un Africain noir. Voilà !

Ce soir, je viens d'apprendre à la télévision que les deux candidats au second tour de l'élection présidentielle qui s'est déroulée dans le pays de mon père, la Côte d'Ivoire, ont été proclamés présidents de la République. Il y a donc deux présidents dans son pays. Ce n'est pas normal ! Je sais qu'il s'y est encore passé quelque chose. Oui, encore. Vous allez savoir pourquoi, vous qui ne le savez pas, puisque je m'apprête à le lui demander, en tant qu'européen, un Noir européen.

En fait, je dois vous dire – ou rappeler – que le premier tour de l'élection s'est bien passé, dit-on. Même mon père en a été fier, pour son pays. La participation de la population a été exemplaire. À l'annonce des résultats, des gens ont grogné un peu comme d'habitude, dans le calme. Je ne peux pas vous en dire plus. À mon âge, et en tant qu'européen, il est souvent difficile de comprendre les histoires des Africains. Vous savez où je piquais souvent les informations ? Eh bien, sur la toile ! Depuis des années, mon père ne peut se passer de consulter quotidiennement les sites d'informations sur l'Internet, comme s'il craint de manquer la moindre nouvelle ou analyse, le moindre commentaire sur les actualités de son pays.

Autre chose encore qu'il me faut vous dire, c'est que mon père n'est pas allé voter au deuxième tour de l'élection présidentielle. Je ne sais pas s'il savait ce qui allait se passer. Vous savez ce qu'il m'a répondu quand je lui ai demandé pourquoi ? Il a dit, sèchement : « Jeannot, je ne veux aucun des candidats des trois grands partis politiques ! »

Alors, ce soir, quand j'ai appris que les deux candidats ont été proclamés présidents de la République, j'ai demandé à mon père : « Papa, qu'est-ce qui se passe dans ton pays ? »

Voilà ce qu'il m'a dit d'abord : « C'est une longue histoire, très compliquée, qui n'est pas du tout facile à comprendre pour un Européen blanc, même pour un Noir européen. »

Mon père m'a dit que l'élection présidentielle s'est déroulée dans un pays coupé en deux, c'est-à-dire que le pays était – et même toujours au moment où je vous parle – divisé en deux. Une partie, le Nord, est tenue par des rebelles armés qui ont tenté de faire un coup d'État qui a échoué, et une autre gouvernée par un président, un président qui avait été mal élu. Vous vous demandez sans doute ce que cela veut dire d'être mal élu dans son propre pays ? Ce président-là avait été élu après un coup d'État qui a fait fuir le président qui était là. Un général de l'armée, qui a pris le pouvoir, a éliminé pas mal de candidats, disons les deux plus grands, précisément celui qui a été chassé du pouvoir et un autre dont on disait qu'il n'était pas très ivoirien. Je ne m'étonnerais pas si vous froncez les sourcils en entendant cette façon de le qualifier.

Le général, comme il est très malin, a voulu conservé le pouvoir. Il a fait dire qu'il a gagné l'élection. Mais, c'est mal connaître celui qui allait être mal élu ! Ce dernier a demandé à ses militants et à la population de sortir dans la rue pour protester et réclamer le pouvoir pour lui. Ça a marché ! Le général a fui, lui aussi, du pouvoir, et c'est ainsi qu'il est arrivé au pouvoir, mal élu. Lui-même, il l'a reconnu. Ça n'a pas été aussi facile que cela, je dois dire que beaucoup de choses se sont passées. Il y a eu des morts. Mon père m'a dit :

Dans la politique, il y a des informations pour la population et il y en a d'autres pour les politiciens, entre eux.

Dans ce cas, que ferons-nous ? nous autres ? C'est pourquoi, il y aura des choses que je ne pourrai pas vous expliquer.

Le président mal élu, comme il le savait, a réussi à convaincre les autres (le général de l'armée, l'autre dont on dit qu'il n'est pas très ivoirien et le président chassé) de s'entendre. Il a appelé ça le « Forum national de la Réconciliation ». Ils se sont réconciliés ; la population était très contente. Mais c'est mal connaître les gens ! La politique, c'est comme un film western. C'est mon père qui me l'a dit, et il a souligné que ça ne vient pas de lui.

Le président mal élu s'est donc confortablement assis dans son fauteuil présidentiel, ce fauteuil confortable, si confortable qu'on peut même s'y endormir très facilement, si moelleux qu'on peut même vouloir faire des choses là-dedans.

Une année est passée. Vers la fin de la deuxième année, il se passe quelque chose : Des gens, des rebelles, tentent de faire un coup d'État ! Pendant ce temps le président mal élu n'était pas là ; il était en visite présidentielle, en voyage diplomatique chez nous ici, en Europe.

C'était grave, très grave même…

Le président mal élu est rentré précipitamment dans son pays. Vous croyez qu'il a peur ? Lui ? Lui qui a envoyé ses gens et la population dans la rue pour réclamer son fauteuil présidentiel à un général de l'armée ? Bien au contraire, il promit de leur faire « une guerre totale ! »

C'était grave, très grave même…

Des gens, beaucoup de gens sont morts. Le ministre de l'Intérieur, un ami du président mal élu, a été tué. Le général de l'armée en question, lui aussi a été tué. Par qui ?

Mon père m'a dit qu'on n'a pas vraiment encore trouvé ceux qui se sont permis de commettre ces meurtres. Ça m'a fait penser à ce qu'il m'a dit à propos de la politique.

En fuyant vers le Nord, ces rebelles se sont repliés à Bouaké, la deuxième grande ville. Ils en ont fait leur quartier général. Donc, tout le Nord du pays était sous leur contrôle. L'armée nationale, qui s'est pas mal défendue pendant cette tentative de coup d'État, s'est engagée à combattre les rebelles pour reprendre l'autre partie du pays qui est sous leur contrôle. Mais c'est mal connaître ces rebelles ! Ça n'a pas été possible.

Mon père m'a même dit que l'armée du pays, de ce grand pays de l'Afrique de l'Ouest – ah, c'est lui qui l'a dit – n'avait pas suffisamment d'armes ni de munitions. Vous vous étonnez ?
Très vite, les Européens – les Européens blancs – ceux de la France ont commencé à s'inquiéter. Ils sont venus s'interposer entre les rebelles et l'armée du président mal élu. Il y a eu beaucoup de choses qui ont été dites là-dessus. Ça paraissait bizarre pour beaucoup de gens du

pays de mon père de voir les militaires français se mettre là, au milieu. Voilà une attitude pareille qui confirme ce que mon père m'a dit de la politique.

Et depuis, le pays de mon père est coupé en deux : les rebelles d'un côté, au Nord – dont la plupart sont musulmans – et de l'autre, ceux qui sont avec le président mal élu. De chaque côté, les gens se regardaient en chiens de faïences.

C'était mal connaître le président mal élu qui voulait à tout prix gouverner sur tout le pays, qui tenait à ce que son pays ne soit pas coupé en deux !

Deux années plus tard, en novembre, il tenta de combattre farouchement les rebelles, avec des avions de guerres, cette fois : des aéronefs qu'il a achetés, puisqu'il n'y avait pas au début suffisamment d'armes ni de munitions. Cette vengeance, il l'a appelée « Opération Dignité ».

Mais c'est mal connaître ces Européens-là : ces Français !

Au cours de l'Opération Dignité, il semble que des pilotes du président mal élu se sont trompés et auraient tué neuf militaires français parmi ceux qui s'étaient interposés au milieu, entre les rebelles du Nord et l'armée gouvernementale du

Sud, pour qu'ils arrêtent de se battre. Vite, très vite même, tous les aéronefs du président mal élu ont été bombardés, neutralisés. C'est ça un pays qu'on appelle grande puissance !

C'est la colère dans la vraie capitale du pays, qualifiée de capitale économique alors que tous les ministères y sont – c'est mon père qui a fait cette remarque. C'est la colère du côté Sud. Il y a du monde contre les Français !

Mais c'est mal connaître les Français, encore une fois !

La révolte des gens du Sud a causé beaucoup de morts ; on parle de plus d'une soixantaine de personnes tuées par les militaires français. Et dans la vraie capitale du pays, c'était chaud ! C'était chaud pour les Français.

C'est mal connaître aussi les Ivoiriens !

La haine contre les Français prit de l'ampleur. Ils sont menacés de mort. Vite, il le faut, des milliers d'entre eux doivent quitter le pays, ce pays qu'ils ont tant aimé, où ils se sentent très bien ; ce pays dans lequel beaucoup ont tout investi.

Mais c'est mal connaître une grande puissance !

2

Ces intentions des politiciens que beaucoup ne voient pas…

Moi, ce qui m'intéresse avant tout c'est de savoir et de comprendre le pourquoi de toute chose, d'une telle situation. Oui, c'est comme cela que je procède. Je l'ai dit une fois à mon prof d'école, et il m'a fait savoir que c'était une très bonne façon de procéder. Lui qui est si avare en compliments, il a dit « très bonne façon ». J'en fus fier.

Alors, comme ce qui me tient à cœur est de connaître les raisons d'un tel événement, j'ai demandé à mon père pourquoi des gens au nord de son pays, qui sont des Ivoiriens, ont pris les armes et sont devenus rebelles. À cette question, il a fait de gros yeux en fronçant les sourcils. Et comme il sait que s'il ne répond pas à ma question, je ne le laisserai pas tranquille, il m'a promis de le faire à son retour de chez son ami qui est du même pays que ma mère, un Camerounais, car il était sur le point d'aller lui rendre visite. Je connais bien cet ami. C'est un monsieur qui adore aussi la politique. Quand il vient chez nous à la maison, c'est le grand débat qui se déroule. Si je veux être sincère, je dois avouer que j'ai beaucoup appris aussi de lui. C'est un monsieur qui a des idées radicales, et je me demande bien s'il peut être un bon politicien. Car mon père m'a dit qu'un bon politicien ne doit pas être radical quand il parle.

Au moment où mon père est retourné à la maison, j'étais si occupé – pas à regarder les politiciens à la télé – à faire mes exercices d'école que je n'ai pas pu lui demander pourquoi des Ivoiriens du Nord ont pris les armes. Ce n'est que le soir, après le dîner, qu'il m'a donné son point de vue. Ah oui, je le précise bien : son point de vue. C'est comme cela qu'il faut commencer par se comporter quand on veut faire la politique, c'est-à-dire savoir écouter les opinions des autres. Ça c'est quelque chose que j'ai entendu de la bouche d'un des compagnons de mon père, au cours d'une discussion sur la politique de leur pays. Et quand un autre a acquiescé – même mon père a fait le même signe d'approbation –, je l'ai noté et bien retenu.

Mon père m'a dit que les gens du Nord se sentaient frustrés et exclus. Beaucoup disaient qu'ils avaient des problèmes pour établir des papiers, par exemple leurs cartes d'identité, en tant qu'Ivoiriens comme les autres, comme ceux du Sud. Quand je lui ai demandé si cela est vrai, il a répondu : « parfois ». Et ensuite, il m'a raconté encore une longue histoire, car c'est important de savoir tout ça pour pouvoir bien comprendre ce qui se passe dans son pays, m'avait-il averti.

Les rebelles ont dit qu'ils ont pris les armes pour que tous les gens du Nord aient leurs papiers, leurs cartes d'identité. Mais ils ont dit aussi qu'ils ont pris les armes pour que leur leader, l'homme dont on disait qu'il n'était pas suffisamment ivoirien, puisse devenir président.

La Côte d'Ivoire, poursuivit-il, est un pays où il y a beaucoup d'étrangers, beaucoup même ! à peu près un tiers de la population. Mon père a souligné que c'est rare dans le monde ! Beaucoup de ces étrangers sont originaires des pays qui font frontière au nord. Cela est dû au partage et à la division de l'Afrique par les Occidentaux, à la

Conférence de Berlin du 25 novembre 1884 au 26 février 1885. En Côte d'Ivoire, comme dans beaucoup de pays africains, il y a beaucoup d'ethnies. Ces ethnies sont classées en quatre grands groupes. Selon le recensement de 1998, les Akans sont environ 42 % de la population de nationalité ivoirienne, dont 23 % de Baoulés, l'ethnie du président héritier. Les Akans constituent le plus grand groupe ; ils sont au centre, au sud et à l'est. Au nord, il y a les Mandés-nord : 16,4 % et les Gours (ou Voltaïques) qui représentent 17,5 %. À l'ouest, il y a les Mandés-sud qui sont environ 10 % et les Krous : 11 %. Les gens du Nord sont donc les Mandés-nord et les Gours.

Mais je ne comprenais pas encore pourquoi les gens du Nord ont – ou avaient – des problèmes pour être reconnus ivoiriens comme les autres.

Mon père m'a dit que le plus souvent c'est la langue officielle, le français, langue de cette grande puissance, sur laquelle les uns s'appuient pour se distinguer des autres. Car les pays qui font frontière à la Côte d'Ivoire au nord ont également le français comme langue officielle. Alors qu'à l'ouest et à l'est, l'anglais est la langue officielle des pays limitrophes. Au sud, il n'y a pas de pays : c'est l'Océan atlantique. Donc, lorsque quelqu'un, un étranger, entre en cachette dans le pays de mon père, comme ça se fait partout, c'est parfois difficile de savoir s'il est du pays ou pas, et surtout lorsqu'il parle la même langue ivoirienne que les Ivoiriens du Nord. Ce qui n'est pas le cas d'un intrus à l'ouest ou à l'est. Je rappelle qu'au sud, il y a l'Océan atlantique.

Je comprenais un peu. Je me demandais si on ne faisait pas de papiers pour les gens qui vivent dans son pays ? Car ici en Europe si quelqu'un entre en cachette dans un pays, il va se retrouver sans papiers, et il ne pourra jamais dire qu'il appartient au pays. Vite, je n'ai pas tardé. Je lui ai posé la question !

Mon père a dit que tout le monde n'a pas les papiers dans son pays ; tout le monde n'avait pas les papiers, mêmes des Ivoiriens, beaucoup d'Ivoiriens !

Oh ?! Pour un adolescent européen comme moi, même un Noir européen, ça c'est difficile à avaler. Soit ! Je me souviens d'une phrase que j'ai pigée et retenue, afin de bien faire la politique quand je serai bien grand, adulte : « Il faut chercher à bien comprendre ce que dit l'autre avec lequel tu discutes, même si tu n'es pas d'accord avec lui ». Il fallait que je réfléchisse bien là-dessus.

Dans ma tête, beaucoup d'interrogations ont commencé à défiler. Je me demandais comment on arrive à savoir qui est qui dans un pays où il y a beaucoup d'étrangers, dans un pays où même des autochtones n'ont pas de papiers, dans un pays où les autochtones sont de mêmes origines que les autres qui sont de l'autre côté de la frontière, dans un autre pays, à cause des Blancs, à leur Conférence de Berlin en 1884 ?

Ça, ça pousse à savoir pourquoi.

À ma question, mon père a répondu que son pays n'est pas comme le mien, pour le moment. Un très grand nombre d'hommes, de femmes et d'enfants ne savent ni lire ni écrire. Ce sont des analphabètes. Les autochtones n'ont pas éprouvé le besoin de faire des papiers puisque tout le monde sait qu'ils sont originaires des lieux où ils vivent. D'ailleurs, il ne fallait pas venir leur demander, chez eux, de montrer un papier d'identité, au risque de recevoir des injures ou même des paires de gifles. Ce fut pareil pour les étrangers et leurs enfants nés en Côte d'Ivoire, qui ont le droit d'être ivoiriens, comme moi qui suis né dans ce pays d'Europe, en Allemagne, qui suis européen. Alors, à un moment donné, quand ça devenait très difficile de savoir qui est ivoirien et qui ne l'est pas, les politiciens ont demandé que chacun ait obligatoirement un papier pour montrer qu'il est ivoirien. De plus, beaucoup de ceux qui avaient des papiers les avaient égarés, puisqu'ils n'avaient pas vraiment conscience de la valeur de ces papiers, en tant qu'analphabètes. C'était autant pareil pour les étrangers qui en avaient. D'ailleurs, les Ivoiriens et les non-Ivoiriens vivaient si bien ensemble qu'ils ne trouvèrent pas nécessaire de vouloir démontrer qu'ils sont originaires des lieux où ils vivaient. L'essentiel était que tout allait bien ! Ivoiriens et non-Ivoiriens faisaient beaucoup de choses ensemble, ils se mariaient entre eux et donc faisaient des enfants moitié ivoiriens. Permettez-moi ce mot. Mon père l'a dit, à moi aussi. Ivoiriens et non-Ivoiriens étaient si bien ensemble que même des enfants ivoiriens ont été élevés par des non-Ivoiriens, et vice-versa !

Quand mon père a dit ça, j'ai tiqué un peu. Et sans tarder, je lui ai lancé cette question :

« Comment cette fichue crise politique qui ressemble à une guerre civile est-elle arrivée dans ton pays ? »

Là, mon père m'a raconté, tout fièrement, pourquoi beaucoup de gens sont venus en Côte d'Ivoire ! Ce fut le projet du premier président, celui qu'on appelait « le Père de la Nation ». Ce fut sa politique. C'était un grand homme, un grand politicien. Pour le respect qu'on lui doit, on doit dire « un grand homme politique ». Avec ses grandes idées de grand homme politique, il a su transformer la Côte d'Ivoire en un grand pays de l'Afrique de l'Ouest. On dit même que c'est le poumon de l'économie de la sous-région. Les beaux moments, c'était les années 70. On parlait de miracle ivoirien. Il y avait du boulot ! Il y avait de l'argent ! Le Père de la Nation fit de grandes réalisations avec ses grandes idées de grand homme politique. Les fonctionnaires étaient bien payés, les étudiants étaient transportés gratuitement à l'université pour faire leurs études. Ils avaient des bourses d'études. Il semble que même des pays de l'Asie, qui aujourd'hui sont très loin devant le pays de mon père, n'étaient pas encore à ce niveau de développement à cette époque-là. Et pour réaliser cela, il a fallu se faire aider par les autres : d'abord par les Blancs, les Français, avec leurs idées de grande puissance, et ensuite par les Africains. C'est ainsi que beaucoup sont venus des pays voisins et se sont joliment mélangés aux Ivoiriens, qui étaient eux-mêmes déjà mélangés entre eux ! Mon père en est un exemple puisque ses parents sont originaires du nord et de l'ouest de son pays. Mais aujourd'hui, ces beaux moments des années 70 sont devenus depuis un mirage. Ce n'est pas moi qui le dis !

Tout ça c'est beau, évidemment. Moi, j'attendais impatiemment la réponse à ma question : pourquoi cette fichue de crise politique qui ressemble à une guerre civile entre les gens qui s'aiment, qui s'étaient aimés, qui se sont aimés ? Vous voyez que je ne sais plus quoi dire ?

Mon père s'est raclé la gorge et a commencé à raconter :

Il semble que des politiciens ont eu peur… À ces mots, j'ai failli avoir le vertige car je me suis brutalement demandé comment l'amour pour l'autre peut causer la peur ? Comme s'il s'en était rendu compte, mon père me dit, à voix basse : c'est la politique. Imaginez-vous un peu dans quel état j'ai pu être ? Moi qui aime les discours des politiciens ? J'étais tout ouïe. Mon père poursuivit : En 1993, à la mort du premier président, le Père de la Nation, celui qui lui a succédé, facilement, facilement parce que tout a été préparé pour qu'il s'assoie confortablement dans le fauteuil présidentiel, a eu tellement peur du leader du Nord – dont on disait qu'il n'était pas suffisamment ivoirien – qu'il a introduit un maudit mot : « Ivoirité ». En fait, c'est un concept : *D'après lui, c'était pour créer une identité des Ivoiriens dans l'intention de faire naître une Nation.* Vous voyez que le pays de mon père n'est pas encore une Nation !? Ce maudit mot était chargé d'intentions bizarres ! Ce maudit mot incitait les gens à se distinguer les uns des autres : les Ivoiriens des étrangers. Il y a eu beaucoup de discours là-dessus. Ma tête commença à se chauffer. J'étais en train de comprendre pourquoi mon père n'aime pas les discours des politiciens. Je devenais triste, moi qui en revanche les aime tant. Je ne me suis calmé que lorsque je m'étais souvenu que dans un entretien ou dans un débat, d'après l'un des amis de mon père, il faut chercher à bien comprendre ce que dit l'autre.

L'effet de ce maudit mot, ce concept, fut incalculable. L'atmosphère du bon vivre-ensemble d'antan a commencé à se détériorer. Et... et la méfiance a commencé à occuper le cœur et l'esprit de tous ces gens qui s'aimaient tant qu'ils s'étaient bien mélangés. Et la méfiance s'est installée. Pis, me fit remarquer mon père, tous les politiciens ont cherché à en profiter, c'est-à-dire qu'ils ont cherché à utiliser ce maudit mot, soit pour que les uns repoussent les autres, soit pour que les gens viennent se joindre massivement à eux. Ça, ça s'appelle la manipulation ! C'est mon père qui l'a dit :

Dans la politique, il y a souvent de la manipulation.

À ces mots, moi j'ai eu peur, moi qui aime tant les discours des politiciens. Mon père, comme il devait s'occuper à ranger quelque chose dans la bibliothèque, au salon, me promit de me raconter la suite un autre jour. Et moi, dans ma tête, je m'employais à trouver la raison pour laquelle ces politiciens se donnent comme projet de faire des discours pour manipuler les autres.

3

Ces politiciens qui nous font croire…

La manipulation dont a parlé mon père m'a tant attristé que j'ai préféré lui demander pourquoi ces beaux moments des années 70 sont devenus en très peu de temps un mirage.

Mon père a dit qu'il y avait tellement de l'argent que le Père de la Nation ne faisait rien pour que les gens arrêtent de le gaspiller, au nom du pays. Lui-même, il avait inventé une politique « de grillage d'arachides » – une belle manière de gaspillage qui consiste à ne pas s'occuper de celui qui dilapide l'argent de l'État, en disant « qu'on ne regarde pas dans la bouche de celui qui grille ou qui décortique des arachides ». Vous comprenez un peu ? En fait, il ne voulait pas être le seul responsable au cas où… C'est ce cas qui arriva malheureusement quand les gens, qui étaient très bien dans leur peau, qui ne manquaient pratiquement pas d'argent, ont commencé à avoir de sérieuses difficultés. C'est dans les années 90 que tout a déclenché ! La jeunesse, surtout les élèves et étudiants, n'en pouvait plus. Ils voulaient que tout change, même la façon de faire la politique. C'était d'ailleurs le rêve du président qui allait être mal élu, qui était depuis longtemps contre la façon de faire la politique du Père de la Nation. Il a même été obligé de se manifester pendant de longues années en cachette, car en ce moment c'était le parti unique, et il était obligatoire de parler d'une même et seule voix.

Tout a déclenché en 1990. Ce qu'on n'avait jamais vu ni entendu dans le pays de mon père fut vu et entendu : la grève générale, le pays était paralysé. Les élèves et étudiants, qui réclamaient le multipartisme, ont été chassés des établissements pour regagner leurs parents à la maison. Au vu de la situation, le multipartisme fut accepté, sous contrainte. Beaucoup de partis politiques furent créés. On n'était plus obligé de parler d'une même et seule voix, de faire semblant de parler d'une même et seule voix, mais de tenir compte des voix des autres, de savoir que les autres, qui pensent autrement, sont là. C'est ainsi qu'il y eut pour la première fois deux candidats à l'élection présidentielle, en octobre : le Père de la Nation et l'historien (le président qui sera mal élu), qui ne récoltera que 18 % des voix. En novembre, on modifia l'article 11 de la Constitution pour que le président de la République, Père de la Nation, soit remplacé par le président de l'Assemblée nationale, au cas où il ne serait pas là ou qu'il serait incapable de gouverner, puisqu'il était souvent malade. Et depuis, la situation ne s'est plus bien normalisée. Tout le monde voulait se faire entendre, parfois n'importe comment. Les étudiants se plaignaient tant qu'on croyait qu'ils faisaient plus de la politique que des études. Et les barons de l'ancien parti unique au pouvoir n'en pouvaient plus, ils traquaient les étudiants !

Pour redresser l'économie du pays, le Père de la Nation fit venir un homme : un économiste, gouverneur de la BCEAO (Banque Centrale de l'Afrique de l'Ouest), qui a même travaillé au FMI (Fonds Monétaire International), et le nomma premier ministre ; c'est de lui qu'on dit aujourd'hui qu'il n'est pas suffisamment ivoirien. Sous son mandat de premier ministre, il se passa beaucoup de choses. D'abord, il instaura une carte de séjour pour la population étrangère afin de gagner de l'argent pour le pays. Ce qui créa une chasse aux étrangers par la police. Mais on fut surpris de ce que la presse du pays éventa au sujet de l'achat d'une villa à des centaines de millions de francs Cfa, quelques mois seulement après sa prise de fonction, et des effets personnels, de près 20 tonnes, qui n'auraient pas été dédouanés. Elle critiqua sévèrement la manière dont les entreprises publiques auraient été privatisées, en affirmant qu'il « vend et rachète » !

Les revendications sociales créèrent de sérieux troubles. En 1991, les étudiants d'une des grandes cités universitaires à Yopougon (un quartier au nord d'Abidjan) furent dans la nuit battus à sang par les militaires. En 1992, l'homme qui allait être mal élu, cet historien qui représentait l'Opposition, fut pris et jeté en prison après une grande marche. Je crois que c'est en ce moment-là que mon père a fui son pays pour venir se réfugier ici en Europe et a connu ma mère pour que je sois né. Bref, c'était les lendemains de ces beaux moments des années 70 qui s'étaient, en quelques années seulement, transformés en mirage.

Après le décès du premier président, le Père de la Nation, en 1993, on rapporta que le premier ministre, celui dont on dira qu'il n'est pas très ivoirien, aurait refusé de respecter l'Article 11 de la Constitution du pays qui permet au président de l'Assemblée nationale (le président héritier) de parvenir au pouvoir. Ce dernier lui reprocha d'avoir tenté un coup de force pour accéder à la présidence. Ce fut en réalité le premier vrai conflit entre les deux hommes politiques !

En 1994, un politicien très influent du grand parti politique du Père de la Nation créa, avec de nombreux partisans, un autre parti. En ce temps, les barons de l'ancien parti unique du Père de la Nation disaient que celui-là était un étranger. Plus tard, le fondateur de ce nouveau parti politique et l'historien (qui sera mal élu président) formèrent un bloc, le front républicain, contre le président héritier. C'est ce nouveau parti qui sera représenté, quelques années après, par l'ancien premier ministre dont on dit qu'il n'est pas suffisamment ivoirien, après la mort de son fondateur en 1998.

L'élection présidentielle de 1995 fut émaillée de sérieuses protestations. Le fondateur du nouveau parti politique et l'historien, qui allait être mal élu en 2000, demandèrent à leurs militants de boycotter massivement cette élection. Ce fut un moment très délicat pour le pays de mon père. Les troubles étaient si violents que les gens ont craint le pire. La candidature du fondateur du nouveau parti fut rejetée. On disait qu'il était ghanéen. Le Ghana est un pays situé à l'est du pays. Déjà, on savait que celle de l'ancien premier ministre ne serait pas acceptée puisqu'on disait de lui qu'il était aussi un étranger, originaire d'un pays au nord du pays de mon pays père, le Burkina Faso. Il aurait fait ses études et travaillé dans ce pays, et aussi aux États-Unis comme burkinabé. Ce fut une révélation du président héritier et de ses acolytes qui étaient au pouvoir. On alla même interroger cavalièrement sa mère dans le pays, pour savoir si elle était vraiment sa mère. Ainsi, le président héritier fut amplement élu : plus de 90% des suffrages exprimés, contre un autre candidat (du Parti des Travailleurs) qui se montrait pourtant très influent et important parmi les politiciens du pays.

En 1996, le président héritier, soutenu par un groupe d'universitaires, inventa le concept « d'ivoirité » pour mieux expliquer sa politique pour le pays.

En 1999, on apprit que l'ancien premier ministre, l'homme dont on disait qu'il était originaire du Burkina Faso, se fit établir un certificat de nationalité à Dimbokro (une ville non loin de la capitale politique) afin de pouvoir déposer sa candidature pour la prochaine élection présidentielle. D'après les amis politiciens du gouvernement du président héritier, ce certificat de nationalité aurait été établi à une date qui correspondait à un dimanche, un jour non ouvrable, et qu'il portait un numéro de celui d'un autre : un faux numéro ! Alors, une menace d'arrestation pesait sur lui pour avoir fraudé, selon les amis politiciens du gouvernement du président héritier.

Maintenant : pourquoi les politiciens se sont-ils employés à manipuler intentionnellement les autres ?

D'abord, mon père a dit que les uns utilisaient ce maudit mot qu'est « ivoirité » pour chasser les autres : les étrangers qui vivaient depuis longtemps en paix avec les autres dans le pays et les Ivoiriens du Nord qu'on soupçonnait d'être étrangers, puisqu'ils portent souvent les mêmes noms, écrits de la même manière et dans la même langue française, tandis que d'autres l'utilisaient pour racoler des partisans afin d'être en grand nombre pour combattre les gens du Sud. Donc les étrangers étaient devenus, comme du bétail, des gens que les politiciens ont exploités à leurs fins, pour leurs propres intérêts, pour leurs ambitions personnelles. On a fabriqué des cartes d'identité pour les partager à n'importe qui, même à ceux qui n'en voulaient pas d'autant que, selon la loi, l'étranger qui a séjourné cinq ans d'affilée dans le pays a droit à la nationalité. D'autres s'en ont acquis en soudoyant l'administration, cette administration corrompue. Et ça, tout le monde le savait ! À un moment donné, les gens au pouvoir – ceux du président héritier – ont commencé à récupérer les cartes d'identité aux étrangers, à ces très nombreux étrangers. Évidemment, ce fut un problème pour eux, un très sérieux problème : comment arriver à leur arracher les cartes d'identité alors que beaucoup ont les mêmes noms que les Ivoiriens du Nord du pays, les vrais Ivoiriens ? La police traqua les gens de partout, même dans les mosquées, pendant les prières. Eh oui ! Et... et la discrimination vit le jour. Il fut impossible pour beaucoup de ressortissants du Nord de pouvoir établir une pièce administrative. Et nombreux d'entre eux se virent déposséder de leur nationalité ivoirienne. C'était sérieux. Ces Ivoiriens, qui longtemps vivaient paisiblement dans leur propre pays, se sont sentis exclus ; ils se sont retrouvés apatrides. La frustration des gens du Nord est venue de là... Soit ! Ça c'est le point de vue de mon père. Et comme je l'ai dit, il faut respecter l'avis de l'autre, même quand on n'est pas d'accord avec lui. J'avais compris, bien avant qu'il ne me dise ça :

La plupart des politiciens pensent d'abord à leurs propres intérêts.

En fin de compte, trois grands partis politiques ont représenté le pays de mon père, grosso modo. Le premier, celui du Père de la Nation, dont l'héritier est devenu le nouveau patron, représente les gens du Centre et du Sud. Le deuxième, représentant les gens de l'Ouest, est dirigé par le président mal élu, et le dernier pour les gens du Nord dont le chef est celui dont on dit qu'il n'est pas suffisamment ivoirien. Et chacun des trois grands partis politiques s'arrangeait pour avoir des militants à son côté, en disant souvent de n'importe quoi. Les gens qui se sentaient refoulés se sont joints au leader du Nord. La méfiance, ennemi du bon vivre-ensemble, s'est résolument installée entre les gens qui autrefois vivaient en très bonne intelligence. C'est dans cette atmosphère de méfiance que l'ancien premier ministre, dont on dit qu'il n'est pas ivoirien, promit de « rendre le pays ingouvernable, et que le temps viendrait où il frappera le gouvernement, moribond », du président héritier. C'est une déclaration que beaucoup de gens ont retenue gravée dans leur mémoire. Et il se passa en 1999 quelque chose encore plus grave que celui qui s'était passé au lendemain des beaux moments des années 70, pendant que l'héritier du Père de la Nation, pour qui le fauteuil présidentiel fut très bien préparé afin de lui permettre d'accéder aisément au pouvoir, croyait régner tout peinard avec son maudit mot « ivoirité ». Il s'était, paraît-il, tout heureux retrouvé, à la veille de la fête de Noël de cette année-là, dans sa ville natale pour festoyer. Et il se passa quelque chose de plus grave que celui au lendemain de ces beaux moments des années 70 : un coup d'État !

Quand mon père a dit ça, j'ai sursauté un peu. Et il m'a dit : c'était un coup d'État sans bain de sang. Les militaires, qui réclamaient leurs soldes à ce président héritier, à la veille de la fête de Noël de 1999, certainement pour boire un peu de bière et de vin comme tout le monde, comme ce président héritier lui-même, en ont profité pour faire un coup d'État ! C'est alors qu'on vit pour la première fois des images bizarres à la télévision. Un général de l'armée, bien connu, à la retraite, entouré de ses éléments très bien armés, a parlé et a dit qu'à partir de ce moment qu'il est le chef d'État. Point final ! Le président héritier alla vite se réfugier à l'Ambassade de France. Il lança un appel à la désobéissance civile, mais en vain ! On a fait parler quelques-uns de ses ministres pour dire à la population de se clamer et de se tranquilliser pour le bien de la Nation. C'était bizarre ! Ils avaient bien répété que la partie était finie pour eux. Ce fut pathétique. En revanche, beaucoup de gens avaient dansé dans les rues, surtout les gens qui ne voulaient plus voir le président héritier dans ce confortable fauteuil présidentiel. Personne ne savait où le sort allait conduire les gens du pays de mon père. On racontait que le général et l'ancien premier ministre s'étaient entendus pour le partage du pouvoir, et que l'ancien premier ministre devrait être président de la République. Mais, un problème se posa : c'est le fait qu'on disait de lui qu'il n'est pas suffisamment ivoirien.

Alors, un référendum fut organisé en 2000 pour que la population se prononce sur les conditions pour être candidat à l'élection présidentielle. C'était très bien pensé du général ! Il s'agissait de vouloir si pour être candidat, il fallait être ivoirien de père *ET* de mère eux-mêmes ivoiriens, ou bien être ivoirien de père *OU* de mère ivoirienne. En plus, il ne fallait pas avoir été d'une autre nationalité. En réalité, cela avait pour but d'éliminer l'ancien premier ministre dont on dit qu'il n'est pas suffisamment ivoirien. Le résultat de ce référendum fut épatant : plus de 80% de ceux qui y avaient massivement pris part votèrent pour « ET ». Ce qui était étonnant, c'est que l'ancien premier ministre, dont on dit qu'il n'est pas suffisamment ivoirien, appela ses militants à voter également pour « ET » !

On raconte aussi que le président qui allait être mal élu et le général qui venait de prendre le pouvoir s'étaient également entendus pour partager le « gâteau », je veux dire le pouvoir. Mais, à la fin, ils n'ont pu vraiment s'entendre : Qui devait occuper ce fauteuil présidentiel bien confortable ? C'est sans doute pour cela que les autres : le leader du Nord et le président héritier n'ont pas été admis à déposer leurs candidatures. Comme vous le savez, on disait de l'un qu'il n'était pas suffisamment ivoirien – puisqu'il fallait être exclusivement ivoirien de père *ET* de mère, eux-mêmes ivoiriens d'origine, et non *OU* ! C'était bien le résultat du référendum de 2000. L'autre, le président héritier, on lui reprochait d'avoir gaspillé l'argent du pays et cherché à diviser les gens, qui s'entendaient très bien depuis belle lurette, avec son maudit mot « ivoirité », son concept. L'élection présidentielle fut organisée cette année-là, sans eux !

C'est en 2000, à la fin du deuxième tour de cette élection présidentielle, que le général a voulu conserver le pouvoir. Il a fait dire qu'il a gagné. Et comme le président mal élu est un homme qui n'a pas peur – vous le verrez bien –, il a récupéré le pourvoir en faisant descendre ses militants et la population dans la rue contre le général, avec toutes les conséquences : des blessés, des morts. On découvrit un charnier dans un quartier de la capitale économique. On apprit que l'ancien premier ministre, dont on dit qu'il n'est pas suffisamment ivoirien, échappa à la mort après l'attaque de sa résidence. Il prit refuge chez l'ambassadeur de l'Allemagne pendant quelques heures. L'ancien premier ministre demanda à ses militants de ne pas participer aux élections législatives. Ce fut une grosse erreur de sa part. Car la participation, en revanche, aux élections municipales leur a permis de se rendre compte de leur poids politique : son parti la remporta, bien devant celui du président mal élu. D'autre part, en décembre, on s'étonna de la candidature de l'ancien leader du syndicat des étudiants, ce jeune ressortissant du Nord, aux élections législatives dans une commune d'Abidjan, la capitale économique, pour le compte de ce parti politique.

L'année suivante, en 2001, le président mal élu fit organiser un Forum national de la Réconciliation, auquel le leader du Nord et le président héritier prirent part. Ce fut quand même bien réussi... Mais mon père m'a chuchoté à l'oreille : « En politique il faut être prudent et vigilant ».

Et comme en politique il faut être prudent et vigilant, d'après mon père – de toute façon il faut respecter le point de vue de quelqu'un –, je lui ai demandé comment il se fait que les deux candidats de cette élection présidentielle du 28 novembre 2010 ont été proclamés présidents de la République ? Il m'a prié d'être patient et qu'il était important de savoir comment les gens étaient arrivés à cette élection qui devait en principe se tenir cinq ans après le mandat du président mal élu, cette élection qui a été maintes fois – six fois – repoussée. Alors, l'entendant dire ça, je me suis écrié : ce président mal élu est prudent et vigilant ! Mon père jeta un regard froid sur moi. Au fond de moi, je me disais que j'avais dit une bêtise. Et ça, ce n'est pas bon pour quelqu'un qui aime tant les discours des politiciens ; ce n'est pas bon non plus pour quelqu'un qui doit savoir comprendre ce que dit l'autre avec lequel il s'entretient. Voilà ce que mon père m'a raconté...

4

Ils sont les seuls qui savent ce qu'ils veulent, ces politiciens…

D'après mon père, le président mal élu ne l'avait pas voulu ainsi. Comme je l'ai déjà dit, il y eut une tentative de coup d'État en 2002, dans la nuit entre le 18 et le 19 septembre, en l'absence de ce dernier. Il était venu en Europe. À la tête de cette tentative de coup d'État, ce jeune, cet ancien leader des étudiants qui s'était déjà taillé une belle popularité, qui avait déposé sa candidature aux élections législatives pour le compte du parti de l'ancien premier ministre. Il est un ressortissant du Nord, mais lui il n'est pas musulman. Toutefois, ça m'a fait froncer les sourcils, car j'avais déjà remarqué que c'était un conflit un peu ethnique dans ce pays qui est une mosaïque d'ethnies.

Mon père m'a fait encore une longue histoire :

Il y eut rumeur d'une tentative de coup d'État en janvier 2001. Trois semaines avant celui du 19 septembre 2002, il y eut un cambriolage de la grande banque africaine Bceao dans la capitale économique. Beaucoup d'argent fut emporté : des milliards de leurs francs !

Les rebelles, qui étaient des soldats exclus de l'armée ivoirienne à l'époque du général, s'étaient repliés sur Bouaké lors de leur coup d'État échoué de 2002, la deuxième grande ville du pays. Elle se trouve au centre. Les militaires français s'étant interposés afin d'éviter une éventuelle confrontation.

Dans la partie du pays tenue par les rebelles, beaucoup de choses très désagréables et horribles furent commises : des pillages, des banques communes de l'Afrique furent cambriolées, des menaces de mort, des tueries, des massacres, des viols. C'était affreux ! Au Sud également, des mouvements ont commencé à naître contre ceux qu'on soupçonnait. La peur, la terreur y régnait. Elle était causée par des groupes de personnes soutenant le gouvernement. On les a dénommés « les escadrons de la mort ».

À ces mots, je me rendis compte que ce qui s'était passé dans le pays de mon père était vraiment sérieux. Je pensais aux pauvres femmes, aux enfants qui ne savaient rien de tout cela, qui n'ont aucune connaissance de la politique, qui ne peuvent pas comprendre les discours des politiciens, discours qui souvent ont pour but de manipuler les gens pour leurs propres intérêts, à en croire ce que mon père m'a dit.

La situation dans son pays était si grave qu'il fallait faire quelque chose, me confia mon père. Au fond de moi, un sentiment de soulagement m'envahit. Je me dis enfin que les politiciens du pays de mon père pouvaient en prendre conscience. Je me sentais soulagé puisque l'amertume pour la politique me gagnait peu à peu, moi qui aimais tant les discours des politiciens. Mon père me dit : « un cessez-le-feu fut signé ». Je poussai un ouf de soulagement. Il me fit entendre :

En politique, il y a souvent manifestation de la mauvaise foi.

J'étais comme paralysé car je me demandais en ce moment ce que voulaient ces politiciens. Donc un cessez-le-feu fut signé en octobre de cette année fatidique, l'année 2002. La France envoya un renfort pour le contrôler. Dans le même temps, il y avait des manifestations devant le quartier militaire des Français (le 43è Bima). Les manifestants exigèrent qu'on leur livre l'ancien premier ministre dont on dit qu'il n'est pas ivoirien. Dans un autre pays, au Togo, les rebelles et une délégation du gouvernement se rencontrèrent pour des négociations : une amnistie fut acceptée pour les rebelles, et les soldats furent demandés d'intégrer l'armée nationale.

Malheureusement, le cessez-le-feu fut violé. Du côté ouest, on apprit que deux nouveaux mouvements rebelles, composés principalement de troupes venues du pays voisin, le Libéria, s'étaient fait entendre. C'est un pays qui a fait une très longue guerre civile.

Je devins très soucieux. Je me demandais vraiment si c'était ça la politique. En ce moment-là, je n'avais plus aucune envie d'écouter mon père me raconter ces histoires effrayantes de guerres causées par les politiciens. Mon père lui-même en éprouva un dépit, je le remarquai. Peut-être se reprochait-il de me conter tout cela ? à un adolescent ? à un petit Noir européen qui n'a rien à voir avec cette politique bizarre ? Il me fit savoir qu'il n'a plus le temps de continuer à me faire le récit de ce qui venait de se passer, à en donner les raisons – à sa manière –, les raisons pour lesquelles les deux candidats au second tour de l'élection présidentielle de son pays, maintes fois reportée, qui était supposée ramener la paix d'antan entre les différentes populations qui ont fini par se haïr, ont été proclamés présidents de la République ; pourquoi ces deux candidats-là sont entrés en dispute. Mon père me fit savoir qu'il n'avait plus le temps pour me donner les raisons de cette affaire, sans me promettre de le faire plus tard. Que fallait-il faire ?

Des jours durant, je n'osai plus interroger mon père sur ces histoires de politique de son pays. Je me disais : « Moi, je suis un Européen ». Je me le disais pour me consoler. Il croyait sans doute que cette affaire ne m'intéressait plus. En fait, je le feignis. À un moment donné, je m'étais posé la question si c'était raisonnable de ma part de ne savoir une histoire qu'à moitié, quand on en a l'occasion. Mon envie de toujours vouloir connaître les raisons de tels événements me réconforta, et je décidai qu'il me contât cette histoire effrayante de la politique de son pays jusqu'au bout, de son point de vue. En plus, je me demandais si ce n'était pas là une mauvaise foi de ma part de ne pas vouloir connaître toute l'histoire. Heureusement, je réussis mon entreprise auprès de lui. Je lui fis savoir que je tenais à connaître toute cette affaire de politique bizarre dans son pays. Quelques jours plus tard, il m'en fit le récit.

Mon père m'a dit :

Les français sont activement intervenus encore une fois ; pas les militaires, mais les politiciens. En considération de tout ce que mon père m'a dévoilé – de son point de vue – de la politique, des discours politiques, des comportements des politiciens, je vous avoue que j'ai eu un frisson dans mon dos. Alors, les politiciens français sont intervenus. Ils demandèrent aux politiciens du pays de mon père de se réconcilier. Mais le souhait du gouvernement du Sud était de les aider à mater les rebellions. À mon avis, me disais-je, la réconciliation est mieux, vu tout ce que je viens d'apprendre. C'est mon avis, l'avis d'un petit Noir européen qui aime les discours des politiciens.

En janvier 2003, l'année suivante, les Français les invitèrent, comme un papa qui invite ses enfants qui se battent – c'est mon père qui a fait cette remarque – chez eux en France, et des accords de paix entre les rebelles, les représentants des partis politiques et le gouvernement du Sud furent signés. Ces accords ont été appelés « Accords de Marcoussis ». Parmi les accords, il y avait la formation d'un gouvernement de réconciliation nationale et la suppression de la carte de séjour. Le président mal élu, cet historien, tint à leur faire savoir « qu'on ne sort pas d'une guerre comme on sortirait d'un dîner de gala ». J'éprouvai sur le coup un véritable sentiment de fierté. Vous voyez que nous les Européens nous sommes très forts en politique ! Le président mal élu est maintenu au pouvoir jusqu'à de nouvelles élections, mais son premier ministre fut remplacé par un autre, neutre ; les rebelles furent invités dans un gouvernement de réconciliation nationale. Le chef des Rebelles fut nommé ministre d'État, ministre de la Communication. Ils ont même réussi, avec la stratégie des Français – d'après mon père –, à obtenir les ministères de la Défense et de l'Intérieur, et des soldats de la CEDEAO (la Communauté des États de l'Afrique de l'Ouest) et 4000 soldats français furent placés au milieu, entre eux les belligérants, pour éviter une éventuelle reprise du conflit. Le comportement des Français n'a pas du tout plu aux gens du Sud, qui les accusèrent de vouloir régler ce conflit comme leur affaire à eux et à leur manière. Il y eut en février des manifestations anti-françaises à Abidjan, soutenant le président mal élu. Le chef rebelle, ministre de la Communication du gouvernement de réconciliation nationale, fut séquestré pendant près de deux heures dans les locaux de la télévision nationale par une centaine de jeunes. On apprit aussi, en 2003, l'arrestation d'une dizaine de personnes à Paris qui s'apprêtaient à déstabiliser le pays. Et l'ONU (l'Organisation des Nations Unies) s'y mêla : une section ONU fut créée pour la Côte d'Ivoire : Onuci.

Mais la situation ne s'est pas bien calmée, m'avoua mon père. Les gens ne s'entendaient pas entre eux : ni entre les chefs des partis politiques, ni entre les rebelles et le gouvernement du Sud. L'attitude des Français était diversement interprétée. D'une part, le gouvernement du Sud les accusait de protéger les rebelles. De l'autre, les rebelles se plaignaient qu'ils les empêchaient de s'emparer de la plus grande ville Abidjan, la capitale économique. Un journaliste français de Rfi (Radio France Internationale), correspondant dans le pays, a été même abattu par un sergent de police. C'est ainsi qu'ils furent invités à Accra, au Ghana, par l'ONU pour trouver des moyens d'arriver à la paix. Mais, cette paix n'était pas près d'eux. Je ne sais pas ce qui nous était arrivés, à nous deux, à mon père et moi ; nous étions restés là, immobiles, inertes, pensifs. C'est alors que je me rappelai ce qu'il m'avait soufflé naguère des comportements des politiciens envers leurs pairs et envers la population : la mauvaise foi. Si cela est vrai, me disais-je, il serait alors très difficile de voir aboutir quelque chose ensemble. Comment faudrait-il faire à ce moment-là ? Il y a une solution ; si, il y en a une. Ça aussi je l'ai piqué des discussions parfois chaudes que mon père faisait soit avec ses compatriotes, soit avec ceux de ma mère à la maison. Oui, il y a une solution. Il faut la trouver !

L'année 2004 fut marquée par de grandes protestations. D'abord, on apprit en avril la disparition d'un journaliste franco-canadien. Des milliers de jeunes appelés « jeunes patriotes », partisans du président mal élu, manifestèrent pour demander à l'ONU de désarmer les rebelles. Dans le même temps, à Bouaké, dans la zone des rebelles, il y eut un appel pour demander le départ du président mal élu.

Mon père m'a dit que c'est dans ce climat tendu que le président mal élu a décidé de combattre les rebelles, d'en découdre avec eux. C'était le 4 novembre 2004. C'est cette contre-offensive qu'il a baptisée « Opération Dignité » ! L'échec de cette opération a été causé par les Français qui, deux jours après, ont immédiatement bombardé tous les aéronefs du président mal élu quand, par erreur, des pilotes auraient tué neuf militaires français et un américain civil d'une ONG. Les militaires français et ivoiriens se sont affrontés pour le contrôle de l'aéroport de la capitale économique. Dans le même temps, de nombreux jeunes réunis sous une association appelée « Alliance des jeunes Patriotes » s'en sont furieusement pris aux Français. Des pillages ont été perpétrés contre les biens des Occidentaux. Lors d'une grande marche, les militaires français ont ouvert le feu sur la foule. Ces tirs auraient fait 67 morts et plus d'un millier de blessés parmi les manifestants. Le sentiment anti-français prit de l'ampleur. La France (et aussi les autres Occidentaux) furent obligés de rapatrier leurs ressortissants. Plus de 8000 Français quittèrent le pays de mon père, la Côte d'Ivoire, ce pays qu'ils ont tant aimé, ce pays dans lequel beaucoup ont tout investi, dans lequel ils sont très à l'aise.

Jusque-là, dit mon père d'un air maussade, on ne connaît pas encore la vérité sur les neuf militaires français qui auraient été tués, leur identité exacte... Dans le courant du mois de décembre, le président mal élu décida que le processus de paix soit relancé. Beaucoup de décisions furent prises. La plus importante portait sur les conditions pour être candidat à l'élection présidentielle. On modifia un mot de l'article 35 de la Constitution : *le candidat à l'élection présidentielle doit être exclusivement de nationalité ivoirienne, né de père OU de mère ivoirien,* au lieu de « *Et* », comme il avait été décidé lors du référendum de l'an 2000, à l'époque du général. Et l'ancien premier ministre dont on dit qu'il n'est pas suffisamment ivoirien fut autorisé à déposer sa candidature à l'élection présidentielle. Celle-ci devait se dérouler déjà l'année suivante, en 2005.

En 2005, on apprit avec étonnement que le président héritier et l'ancien premier ministre, dont il disait lui-même qu'il était un étranger, créèrent une coalition à Paris pour combattre le président mal élu : une coalition qui se réclame du premier président, le Père de la Nation. Dans la même année, le président de l'Afrique du Sud fut envoyé par la plus grande organisation de l'Afrique, l'Union africaine, pour résoudre la crise ivoirienne : un accord de désarmement fut signé par les milices en mai.

La situation est restée plus ou moins stable. Au Nord les rebelles régnaient tout de même en maîtres, toujours armés. Au Sud, le président mal élu gouvernait à sa façon avec les rebelles qui sont entrés dans le gouvernement. Les gens vivaient avec la peur au ventre et avec l'espoir que les politiciens réussiraient à s'entendre pour parvenir à la paix. Mais chacun avait son plan dans sa tête. Les gens se réjouissaient toutes les fois que les politiciens des partis politiques et les rebelles se réunissaient pour parler de l'avenir du pays. En 2006, en mars, de nouveaux accords de paix furent signés à Ouagadougou, au Burkina Faso, ce pays situé au Nord de la Côte d'Ivoire, sur le territoire duquel les soldats en fuite du général s'étaient entraînés avant de venir attaquer le gouvernement du président mal élu. Une amnistie fut proclamée pour les rebelles, qui se sont fait en fin de compte appeler « les Forces Nouvelles ».

À entendre mon père, je me croyais véritablement devant un film western. À vrai dire, cela dépassait mon entendement. Mais il fallait continuer de l'écouter raconter ces histoires politiques dignes d'un long métrage. Dans tous les cas il s'agit de la politique, me disais-je, et la politique c'est quelque chose que j'adore !

Mon père m'informa que parmi les principaux points de ces accords de paix signés dans le pays voisin au nord, il y avait le désarmement des milices et des rebelles, et la révision des listes électorales. Elle visait à inscrire des milliers de nouveaux électeurs. Lesquels ? C'est la question que je me suis posées en pensant à la manipulation en politique dont il m'avait parlé, et précisément au moment où les étrangers, qui vivaient paisiblement avec les autres, commençaient à subir les effets très négatifs de ce maudit mot qu'est « l'ivoirité » du président héritier. Ces accords de paix ont été positifs, si positifs qu'on s'est mis à démanteler progressivement la fameuse « zone de confiance » qui séparait les rebelles et les militaires du gouvernement Sud qu'on appelait « les loyalistes ». C'était en avril.

Comme mon père l'a dit, les gens, tellement assoiffés de paix, se réjouissaient chaque fois que les politiciens des partis et les rebelles se rencontraient pour des accords. Ils parvinrent même à organiser, pour la première fois, une cérémonie de paix : « La Flamme de la Paix ». C'était en juin 2007 ! L'élection devrait se tenir sans tarder. En octobre, à Yopougon, lors d'un rassemblement avec les ressortissants des autres pays, devant de milliers de burkinabés, le président mal élu fit la promesse de supprimer cette fameuse « carte de séjour » instaurée pour ceux qui n'ont pas la nationalité ivoirienne, par l'ancien premier ministre, celui dont on dit qu'il n'est pas très ivoirien. Le chef des Rebelles fut nommé premier ministre en cette année 2007, après un accord politique à Ouagadougou, au Burkina Faso.

Mais chacun avait son plan dans sa tête, bien enfoui pour qu'on ne puisse pas le deviner. C'est ainsi que, dans le même mois, le chef rebelle, chef du gouvernement de la transition échappa à un attentat à la roquette lors d'un atterrissage de l'avion à Bouaké, dans lequel il était bien carré. Je rappelle que Bouaké est la deuxième grande ville du pays et est le chef-lieu des rebelles. Au cours de cet attentat, auquel le chef rebelle a échappé, des passagers sont décédés, deux de ses gardes également et plusieurs grièvement blessés.

Pour permettre un bon déroulement de l'élection, une Commission électorale indépendante (Cei) fut créée pour l'organisation des scrutins et la diffusion des résultats provisoires. L'élection devrait être certifiée par l'ONU, à laquelle ils demandèrent de l'aide, afin de donner son avis sur le bon déroulement du scrutin : et un représentant fut envoyé par cette grande organisation mondiale. Enfin, le Conseil constitutionnel, organe suprême juridique, a pour tâche de valider les résultats provisoires de la Cei et de les proclamer définitivement. Il est le juge de l'élection, la seule Autorité compétente.

L'élection présidentielle devenant cette fois une réalité, on apprit la création d'une autre coalition autour du président mal élu. Elle le présenta comme son candidat.

Mon père mit fin ainsi à son récit de ce jour. Bien que ravi, dans ma tête, de ce qu'il venait de me révéler à la fin, je ne pus rester serein. Je réfléchissais à tout. Car au vu de ce qu'il m'avait confié auparavant, je m'interrogeais sans cesse sur ce qui aurait amené les deux candidats à se faire déclarer, tous les deux à la fois, présidents de la République. Est-ce le plan que chacun d'eux avait dans sa tête ? me demandai-je.

5

**Même quand on est un grand politicien,
il faut respecter les autres**

La soif de la paix poussa les gens du pays de mon père à aller aux élections bien que des intellectuels et des partisans du président mal élu eurent exprimé leur désaccord, car le désarmement des rebelles leur paraissaient primordial. Il y eut beaucoup de discussions là-dessus. L'ancien premier ministre, celui dont on disait qu'il n'était pas suffisamment ivoirien déclara que « le désarmement n'était pas nécessaire ». En fin de compte, ils décidèrent d'y aller, au nom de la paix à laquelle ils tenaient tous. L'élection présidentielle, par laquelle ils devaient commencer, fut prévue à la fin du mois de novembre de l'année 2010, précisément au 28ème jour.

Tout se passa très bien au premier tour, apparemment. L'ancien président héritier fut éliminé car il était arrivé en troisième position : le président mal élu, en première position, obtint 38%, l'ancien premier ministre, le leader du Nord, obtint 32% et l'ancien président héritier 25% des suffrages exprimés. Ce dernier rejoignit l'ancien premier ministre et appela ses militants à le voter. Ses militants, qui sont pour la plupart les gens de son ethnie – la plus importante en nombre : presque le quart de la population ivoirienne –, grognèrent. Beaucoup d'entre eux étaient contre cette décision. C'est ainsi qu'on vit les deux candidats au second tour (le président mal élu et l'ancien premier ministre dont on dit qu'il n'est pas suffisamment ivoirien) se lancer dans une quête de ces gens-là pour qu'ils les votent massivement. Ils leur firent la cour et des promesses mielleuses. Au cours de la campagne, le président mal élu fit deux déclarations importantes. Il avait affirmé que son rival, l'ancien premier ministre, est « le candidat de l'Étranger ». On raconte que ce fut un refrain dans la bouche de ses partisans. Une autre, pas vraiment surprenante pour beaucoup de gens, est qu'il l'accusa d'être l'auteur du coup d'État qui s'était passé à la veille de la fête de Noël en 1999, après lequel le général à la retraite se fit Chef de l'État. Il y eut pas mal de critiques et de commentaires là-dessus. On ne sut pas si cette accusation du candidat président mal élu était juste ou pas. Quand on apprit qu'un face-à-face télévisé devrait se dérouler entre les deux, ils furent nombreux, ceux qui pensaient que pour une fois et pour toutes la lumière allait être faite sur cet acte, sur cet événement que tout le monde a vécu dans le pays. Mais aucun mot n'a été dit sur ce sujet, et les gens étaient restés sur leur faim. D'autres jugèrent qu'il était sage ainsi, car cela aurait pu mettre de l'huile sur feu. L'accusation du candidat président mal élu portée sur son rival, l'ancien premier ministre, ne fut pas du tout évoquée lors du face-à-face télévisé.

Le face-à-face télévisé se déroula très bien. Les deux rivaux avaient même juré de respecter les résultats du second tour de l'élection présidentielle qui allait se tenir dans quelques jours. On assista à une attitude respectueuse des deux rivaux, si courtoise que tout le monde en fut satisfait. Le bon déroulement du face-à-face télévisé raffermit l'espoir que nourrissaient les gens du pays de mon père. Beaucoup avaient manifesté leur joie ; mais en réalité beaucoup d'autres avaient peur. Ils se demandaient bien si chacun des deux candidats et leurs partisans accepteraient vraiment d'avoir perdu. Mon père m'avoua sans détours qu'il s'était lui-même posé la même question. Cela me donna matière à ruminer. Je me mis à réfléchir sur les ambitions réelles des politiciens, en tout cas sur celles des politiciens du pays de mon père. Mon père toussota ; il me dit d'une voix étouffée : « et le jour du second tour de l'élection présidentielle arriva... »

Et le jour du second tour de l'élection présidentielle arriva...

Mon père ne prit pas part au second tour de l'élection présidentielle. Pour lui, l'occasion, bien que très importante, ne valait pas la peine. Il s'abstint de se déplacer jusqu'à Berlin, où le scrutin devait se tenir. Je ne sus pas vraiment pour quelle raison. Était-il déçu que son candidat n'eût pas atteint le second tour ? Haïssait-il ces deux rivaux du second tour ? Il me fit tout simplement entendre, en haussant les épaules, qu'il ne voulût pas y participer. C'est tout ! En revanche, il fut tout de même tout ouïe. Je me souviens combien de fois il se mit en communication avec ses amis compatriotes, et combien de fois notre téléphone fixe avait intempestivement sonné ce jour-là. Je dus comprendre l'importance de ce second tour de l'élection présidentielle dans leur pays, plutôt la foi que les gens y avaient placée.

Au jour fixé, on apprit que la population s'était également déplacée en masse pour accomplir leur devoir civique, pour jouir de ce droit : voter. Toutefois, on précisa qu'elle fut un peu moins importante qu'au premier tour. On apprit en début de la journée que tout se passait bien dans l'ensemble du pays. Malheureusement quelques heures plus tard, on rapporta l'information que des choses désagréables, très graves étaient en train de se passer dans le Nord du pays. En France aussi des troubles, causés par des gens qui étaient allés voter, avaient empêché le déroulement du scrutin dans plusieurs bureaux de vote. Mon père s'en était inquiété, il en était devenu soucieux, m'avait-il confié.

Jusqu'à la fin du déroulement du scrutin de ce jour, on racontait que des événements très graves s'étaient produits : des gens furent empêchés de voter ; beaucoup, menacés de mort, furent obligés de voter le candidat des rebelles, d'autres eurent subi de sévères sévices corporels ; des blessés, même graves, des gens tués, des femmes violées, sans compter des scènes de destruction d'habitations.

Tout le monde attendait la proclamation des résultats provisoires par la Commission électorale indépendante (Cei), qui a, selon la loi, trois jours pour le faire ; lesquels résultats doivent ensuite être validés par le Conseil constitutionnel, cet organe suprême juridique de leur pays. Sans quoi, il reviendrait à ce Conseil constitutionnel de s'en occuper. Les premiers résultats auxquels on pouvait avoir accès – en tout cas sur la toile – étaient seulement ceux des bureaux de vote de trois pays européens, dont l'Allemagne. Le lendemain, toute la population était plongée dans l'attente des résultats. Rien ne fut encore donné, contrairement au premier tour où les résultats étaient reçus au fur et mesure. Au soir du deuxième jour après la tenue du second tour de l'élection présidentielle dans le pays de mon père, la grogne commençait à s'enfler. L'inquiétude gagnait la population. Les protestations se faisaient entendre. C'est ainsi qu'on vit à la télévision, les agents de la Cei se chamailler comme des gamins : l'un deux, un représentant du président mal élu vint arracher violemment les papiers que tenait un autre, le porte-parole de la Cei, un représentant de l'autre candidat (l'ancien premier ministre) assis devant des micros, comme un grand politicien qui s'apprête à faire une grande déclaration. Déjà, quiconque pouvait deviner l'atmosphère qui y régnait. Le porte-parole de la Cei, à qui un autre agent – un commissaire central de la Cei – venait d'arracher les papiers, s'apprêtait à donner des résultats provisoires. C'était inquiétant ! Plus tard, le chef du parti politique du président mal élu fit, tout inquiet, une déclaration à la télévision nationale pour dénoncer ce qui s'était passé au Nord du pays. Il évoqua une fraude massive qui aurait été orchestrée par les représentants de leur rival. Au troisième jour, tant attendu, on entendit une déclaration du président de cette Commission électorale indépendante : celui-ci rassura la population et leur demanda de rester sereine. Au sujet de ce qui s'était passé de désolant à la télévision entre les agents de la Cei, il avait parlé de problèmes de consensus qui se posaient entre eux, concernant la vérification et l'acceptation des résultats reçus, et il avait informé la population qu'à ce jour aucun résultat officiel n'était encore donné par la Commission électorale indépendante. En ce qui concerne le délai qu'ils avaient pour proclamer les résultats provisoires, le président de la Cei promit de le faire ! Il avait même répondu, un peu sèchement, au journaliste qui l'interviewait : « Monsieur, je vous dis, il n'est pas encore minuit ! »

À minuit, rien ne fut donné pourtant comme résultats provisoires du second tour de l'élection présidentielle. À la surprise générale, on apprit le lendemain, le quatrième jour, donc hors délai, par les médias occidentaux, par ceux de la France, un résultat donné tout seul par le président de la Cei à l'Hôtel du Golf, un grand hôtel luxueux où sont hébergés les rebelles armés appelés les Forces Nouvelles, devant une poignée de journalistes européens. Le candidat dont on dit qu'il n'est pas suffisamment ivoirien fut déclaré vainqueur de l'élection présidentielle avec 54% de suffrages exprimés. La nouvelle, relayée d'abord par les médias français, se répandit dans le monde entier. Le représentant de l'ONU dans le pays y apporta automatiquement son soutien ; il déclara l'ancien premier ministre, celui que le président mal élu avait qualifié de candidat de l'Étranger lors de la campagne présidentielle du second tour, élu nouveau président de la République : au mépris du Conseil constitutionnel, organe suprême juridique du pays, qui seul a le droit de donner le résultat définitif.

La reconnaissance de l'ancien premier ministre candidat comme président de la République par les Occidentaux, notamment par les États-Unis et la France, fut mondialement médiatisée.

Quelques heures plus tard, une autre information fut donnée par le président du Conseil constitutionnel. Il rejeta le résultat donné par le président de la Cei et proclama le président mal élu, réélu président de la République avec 51% des voix, après avoir annulé les résultats de nombreux bureaux de vote au Nord du pays, à cause des actes graves commis sur les hommes et les femmes et à cause d'une prétendue fraude massive lors du scrutin, dénoncée par le chef du parti politique du président mal élu. Et depuis, les deux candidats furent proclamés présidents de la République de Côte d'Ivoire : l'un par le président de la Commission électorale indépendante, dans un hôtel où sont logés les rebelles armés et devant les journalistes européens, et l'autre par le président du Conseil constitutionnel du pays, à la télévision nationale. Moi, Jeannot, qui aime les discours des politiciens, je ne comprenais rien à tout cela. Je me demandais sans cesse qui allait rester président de la République. Comme j'ai l'habitude de le faire, j'interrogeai mon père sur les raisons pour lesquelles les médias français avaient, d'après lui, agi de cette manière. Il me chuchota à l'oreille :

Un grand pays n'a pas d'amis. Les hommes peuvent avoir des amis, pas les hommes d'État. Un pays n'a pas d'amis ; un pays n'a que des intérêts à défendre.

« Un pays n'a pas d'amis ; un pays n'a que des intérêts… », répétai-je au fond de moi. Voilà une belle information que je venais d'apprendre, moi un petit Noir européen passionné par la politique. Au lendemain de tous ces scénarios, on apprit que l'ancien premier ministre reconnu gagnant de l'élection présidentielle par les Européens, et surtout par la France et les États-Unis, prêta serment en qualité de président de la République à l'Hôtel du Golf. Quant au chef rebelle, premier ministre du gouvernement de transition, il alla présenter sa démission – puisqu'il le fallait – à l'ancien premier ministre candidat déclaré vainqueur de l'élection présidentielle – et donc élu président de la république – par le président de la Cei à l'Hôtel du Golf. Et celui-ci le fit de nouveau premier ministre : son premier ministre. Le jour suivant, la même cérémonie se déroula à Abidjan, au palais présidentiel. Le président mal élu, réélu selon le Conseil constitutionnel, fut investi Chef d'État et prêta lui aussi serment comme président de la même République.

Il se faisait tard ce dimanche où mon père me contait ces événements rocambolesques. Ayant aperçu que j'étais fatigué – non pas fatigué de son récit digne d'un film western –, il se décida à quitter ma chambre, me souhaitant naturellement de passer une bonne nuit.

Une bonne nuit, cela n'en fut pas une. Cependant je fus satisfait d'avoir eu des arguments pour expliquer mieux cette situation bizarre, cette folie politique dans son pays. Je me sentis désormais armé, prêt à affronter une éventuelle raillerie de mes camarades d'école.

Je ne pus m'empêcher avant de m'endormir de repasser dans ma tête cette scène ahurissante des agents de la Commission électorale que j'avais vue moi-même à la télé. Je me demandais pourquoi un agent d'un groupe de travail aussi important a-t-il été amené à agir de cette façon ?

Les jours suivants, mon père me fit d'autres révélations étonnantes. Il m'informa qu'il avait appris que le président de la Commission électorale indépendante auraient été enlevé – c'est le mot qu'il a employé lui-même –, accompagné par les ambassadeurs de la France et des États-Unis dans son pays, pour l'emmener dans cet Hôtel du Golf, cet hôtel luxueux où sont retranchés les

Forces Nouvelles, des rebelles armés, et des membres de la coalition, qu'ils avaient créée, dans le dessein de donner les résultats tant attendus du deuxième tour de l'élection présidentielle. Et depuis on ne le vit plus. Le chef des rebelles armés rejoignit le candidat reconnu par la France et les États-Unis, par l'Union européenne, candidat qui naguère fut qualifié par son rival de « candidat de l'Étranger ». Ces deux grandes puissances, surtout la France – par son président – sommèrent, comme un Patron et son domestique, le président mal élu, réélu selon le Conseil constitutionnel du pays, de vite quitter le pouvoir pour le céder à son rival, l'ancien premier ministre. Cette sommation n'eut aucun effet sur lui. Et depuis, la situation resta telle. Chacun des deux candidats se dit président de la République : deux présidents d'une même République ! ce que nous, en Europe, apprîmes avec étonnement. Et voilà ! fit mon père ce jour-là d'un air très désolé.

Quant à moi, j'étais très soucieux. Je me mis à me questionner pourquoi le président de la Cei a choisi, accompagné par les ambassadeurs de ces deux grandes puissances – d'après mon père – de donner les résultats provisoires d'une élection aussi importante dans le camp d'un des candidats, dans le refuge des rebelles, et sans que la télévision nationale n'ait été invitée ?

Je n'avais pas encore compris pourquoi un pays n'a pas d'amis, mais plutôt des intérêts à défendre : cette déclaration d'un grand homme politique français, d'après mon père. Je me résolus à savoir pourquoi il s'était référé à cette formule de ce grand homme politique français. Je ne pouvais m'en abstenir, moi un petit Noir européen qui adore les discours des politiciens.

6

Un bon politicien ne brade pas son pays…

Je me souviens des nombreuses visites rendues par les amis compatriotes de mon père et de ma mère chez nous, au cours desquelles ils passaient tout leur temps à parler et à discuter de la politique au pays de mon père. Parfois, je me demandais pourquoi la politique dans ce pays pouvait autant les intéresser. C'était juste après la proclamation des deux candidats comme présidents. Ma mère me dit que c'est tout de même honteux pour le pays de mon père et pour l'Afrique. En effet, tous y voyaient un intérêt pour le continent africain, du moins pour l'Afrique noire. Moi Jeannot, je ne comprenais rien à tout cela, mais ce que j'avais remarqué, malheureusement bien plus tard, est qu'il y a trois groupes de personnes : Il y a les partisans du président mal élu, ceux de l'ancien premier ministre dont on dit qu'il n'est pas suffisamment ivoirien et ceux qui se réclament neutres, qui manifestent à chaque fois un amour particulier pour leur pays, seulement pour leur pays et non pour un quelconque individu. Mon père faisait partie de ceux-là. Cependant, une vive contestation eut été exprimée un jour, par quelqu'un, contre cette catégorie de personnes qui se réclament neutres, contre mon père, je crois. On lui avait fait savoir qu'il n'était pas possible dans ce contexte d'être neutre. Et depuis, je compris qu'il était difficile de se dire neutre car quel que soit le point de vue, l'on est automatiquement classé dans l'un ou dans l'autre camp.

Les premiers que j'avais entendus exprimèrent leur mécontentement vis-à-vis de l'attitude des Français : leur ingérence dans les affaires des pays africains. Ils ne comprenaient guère cette attitude. Il y eut un mot que l'un d'eux prononça, un mot qui rappelle une histoire sombre de l'Afrique : la colonisation ! Un autre fut également un sujet de leur conversation, c'est la souveraineté du pays de mon père, et un tout autre était la richesse inestimable que regorgeait ce pays et qui, selon eux, sont les vraies raisons du comportement des politiciens français à l'égard de ce pays. Voilà des informations auxquelles je n'avais jamais pensé, moi qui adore les discours des politiciens. Il y eut, pendant ces moments de discussions à la maison, beaucoup de choses que ces Africains ont évoquées.

Certains d'entre eux rapportèrent des commentaires et des opinions des intellectuels africains, leur ras-le-bol envers les grandes puissances, ces puissances colonisatrices, comme l'un d'eux les qualifia, tout exaspéré. Ils dirent que tout fut minutieusement programmé, planifié d'avance par la France avant même l'organisation de l'élection présidentielle et que celle-ci n'était qu'un prétexte pour installer son candidat, l'ancien premier ministre. L'élection dans le pays de mon père, en Côte d'Ivoire, n'était qu'une mise en scène et que les résultats étaient déjà fixés et arrêtés d'avance ! Une affirmation qui, bien sûr, m'est difficile à croire. Mais tous, même ceux qui n'étaient pas des compatriotes de mon père, étaient d'accord là-dessus. Ils en étaient convaincus !

Ils invoquèrent le rôle joué par les chefs d'État africains dictateurs, souvent soutenus ou installés par les politiciens français. C'est ainsi qu'ils évoquèrent les films documentaires qui venaient de passer sur des chaînes de télévision française au sujet des rapports entre la France et les pays africains : la *Françafrique* et de l'organisation des coups d'État en Afrique, à laquelle des grands hommes politiques français ont joué un grand rôle. La passion qui les animait les faisait parler de tout. Il eut fallu de peu encore pour que je haïsse la politique. Non, il n'en était pas question bien sûr pour un passionné de politique que je suis. Il fallait plutôt méditer sur ce que disaient mes parents et leurs compatriotes au sujet de leur propre continent. Qui pouvait en souffrir plus qu'eux-mêmes ? songeai-je.

Ce qui me choqua, moi un adolescent noir européen, c'est qu'ils doutèrent tous de l'indépendance de leurs pays. « Nos pays ne sont pas vraiment libres, c'est de la fiction ! », avait lancé l'un deux. Leurs critiques, tirées des films documentaires et des opinions des défenseurs de l'Afrique, consistèrent à montrer la mainmise de la France sur les ressources de ses anciennes colonies, desquelles elle dépend essentiellement. Ils s'interrogèrent sur leur monnaie appelée le *Cfa* (Communauté financière africaine) utilisée par les Africains dits francophones de l'Afrique de l'Ouest, monnaie qui est gérée par la France et qui, comme la langue, sert de moyen de domination pour cette grande puissance. Le pays de mon père, jugé pays très riche en ressources naturelles, devait avoir un président qui soit un valet, une marionnette pour les politiciens français afin qu'il puisse servir les intérêts de la France. Et parmi les deux candidats qui se sont fait proclamer présidents de la République, le président mal élu, réélu selon le Conseil constitutionnel, n'est pas du tout celui qui convient aux politiciens français parce qu'il est difficilement manipulable. Ils donnèrent comme preuve le refus de celui-ci d'envoyer défiler les troupes militaires du pays à la fête du 14 Juillet de la France, suite à l'invitation du président français, ce qui représenta un signal de Souveraineté totale vis-à-vis de l'ancien Colonisateur. Le président français aurait pris ce refus comme un affront. Soit ! Vous comprenez que pour un petit Européen, même noir, de telles affirmations ne lui seraient qu'être horribles. Mais tous persistaient et signaient. À en croire tout cela, je compris peu à peu l'attachement d'un pays à défendre ses intérêts et non son souci de se faire des amis, ce grand dicton de ce grand homme politique français que mon père m'eut soufflé.

Pour ce qui concerne particulièrement le pays de mon père, ils évoquèrent le rapport entre lui et la Chine, cette autre grande puissance, surtout sur le plan économique. D'après l'un des compatriotes de mon père, l'une des raisons des malheurs qui s'abattent sur leur pays serait le fait que le président mal élu se soit rapproché de la Chine, qu'il ait signé des contrats avec elle. Moi Jeannot, je ne comprenais rien à tout cela. Des gisements énormes de pétrole dans le golfe de Guinée appartenant à la Côte d'Ivoire furent invoqués. Ils seraient d'après eux à l'origine des attitudes des États-Unis et de la France derrière l'ancien ministre, cet économiste, ancien directeur général adjoint de la FMI, qui a fait ses études aux États-Unis, soupçonné de candidat de l'Étranger. J'étais dans ma chambre, où je suivais souvent leurs conversations. Couché dans mon lit, je me retournai sur le dos, histoire de reposer un peu ma tête qui se chauffait et se réchauffait de ses révélations troublantes et hallucinantes relatives à la politique des Africains, à la politique en Afrique par les Occidentaux, à en croire mon père, ma mère et leurs amis compatriotes.

Ce problème lié à l'élection présidentielle du 28 novembre 2010 en Côte d'Ivoire était si compliqué que je me demandais comment un Européen ordinaire, pas aussi passionné que moi par la politique ni expert en politique, comprendrait une telle situation ? Et pis, s'il n'est pas en possession de toutes ces informations que j'avais eues de mon père et de celles que j'avais entendues de leurs nombreuses conversations. Sur ce sujet, mon père me dit à la fin de son récit que soit l'on pouvait en être désinformé, mal informé, soit l'on pouvait selon son intérêt prendre telle ou telle position. Il ajouta qu'il y a aussi le fait que l'on pouvait ne pas être en mesure de faire une bonne analyse, par pure incompétence ou par manque de connaissances générales et culturelles, un peu comme un inculte. C'est bien le mot qu'il avait utilisé. Je dus comprendre, moi Jeannot, un petit Noir européen passionné de politique qu'il est nécessaire d'être cultivé pour faire de la bonne politique. Je compris pourquoi les discours politiques sont pleins de subtilités.

Les compatriotes de mon père parlèrent d'une chose qui, en pensant aux innocents, surtout aux enfants et aux femmes, me hanta horriblement ce jour. Ils discutèrent d'une possible intervention militaire par la grande organisation des Africains dans le pays de mon père afin de chasser du pouvoir le président mal élu, réélu selon le Conseil constitutionnel. Car après la reconnaissance de l'ancien premier ministre comme le gagnant de cette élection présidentielle par la France et les États-Unis, par l'Union européenne, des présidents africains les avaient bonnement soutenus. Le refus de quitter le pouvoir afin de céder le fauteuil présidentiel, ce fauteuil confortable, à son rival amena des chefs d'État de cette grande organisation africaine, surtout celle de la sous-région ouest africaine appelée Cedeao, à envisager d'intervenir militairement dans le pays de mon père pour le chasser de là, dans ce pays qui compte un très grand nombre d'étrangers. Comment une telle guerre pourrait-elle être menée ? Des Africains qui veulent faire la guerre à leurs frères Africains parce qu'une élection, présidentielle, fait l'objet de dispute, lança l'un d'eux d'une voix amère. Pour eux, ce serait une véritable bêtise des nègres – c'est le mot qu'il a utilisé lui-même, tellement il était énervé et déçu – au moment où l'Afrique opprimée a plus que jamais besoin d'être unie. Encore une fois, la France fut accusée de cette sadique entreprise qui ne saurait épargner des vies d'innocents. D'après eux, ces présidents africains qui nourrissaient cette sale ambition agiraient pour les intérêts de ces grandes puissances parce que harcelés ; ils seraient sous pression, l'objet de chantage des anciens colonisateurs ! J'ouvris de grands yeux lorsque j'entendis cette affirmation. Je commençai à éprouver un dégoût pour la politique en Afrique. À vrai dire, j'eus eu peur. Heureusement, à la fin, mon père leur rapporta qu'il venait de lire une dernière nouvelle concernant ce problème et que l'option d'une intervention militaire aurait été écartée pour la recherche d'une sortie de crise pacifique. L'un d'entre eux les avertit :

En politique, il ne faut pas perdre de vue son adversaire ; il ne faut pas non plus se tromper d'adversaire.

7

Après tout, un politicien est un être humain…

Mon père me fit d'importants aveux lorsque je lui demandai son point de vue. Il en fut très embarrassé tout de même. À vrai dire, il savait pertinemment que je ne le laisserais pas tranquille tant qu'il n'aurait étanché ma soif de connaître son avis :

Les reproches que les gens font à l'ancien premier ministre peuvent être résumés en ces mots : la violence et la force par les armes, me dit mon père. Pour des populations habituées depuis longtemps à vivre en harmonie et en paix, mot sacré du premier président, le Père de na Nation, cette façon de penser, de procéder et d'agir est inadmissible, comme le maudit mot « ivoirité », ce concept bizarre, sur lequel les uns se sont appuyés pour diviser les autres.

Concernant le président mal élu, il m'apprit que beaucoup de gens de son pays, qui avaient tant espéré en lui à son arrivée au pouvoir furent profondément déçus. Ils lui reprochèrent de n'avoir rien fait en dix ans. Sa politique, baptisée « la Refondation », fut l'occasion pour son entourage de s'adonner au gaspillage des deniers publics. Son entourage s'était vachement enrichi. Aucune construction, aucune réalisation notable ne fut mise sur pied. Rien de ce que les Refondateurs reprochèrent, sévèrement, au gouvernement du président héritier, au pouvoir qui avait précédé le leur, ne fut corrigé. Pis, les Refondateurs auraient conduit ce qui restait au pays à la ruine : la corruption et la misère se sont accentuées ; l'école et la santé n'ont pas connu de reformes : l'université est politisée, les hôpitaux sont dépourvus d'équipements ; les bonnes routes goudronnées d'autrefois ont disparu, les ordures ménagers traînent dans les rues, le chômage des jeunes est devenu un phénomène désolant, etc. Selon eux, les Refondateurs n'ont nullement apporté d'amélioration aux conditions de vie des populations. Cette situation serait, d'après mon père, à l'origine de nombreuses grognes sociales, et de ce fait a amené beaucoup de gens à ne pas s'en prendre véritablement à la rébellion armée. Dix ans au pouvoir pour rien ! La résistance est pour les Refondateurs le seul résultat positif. Telle fut la conclusion de ces derniers.

La réplique donnée souvent par les Refondateurs – qui bien sûr s'opposent à de telles critiques –, c'est que la rébellion armée ne leur a pas permis de réussir leurs projets ni de conduire avec succès beaucoup de choses qu'ils avaient entreprises. Ils disent qu'ils n'ont pu être au pouvoir que pendant deux ans, à peine, et non dix ans comme il est souvent ressassé ; car après la tentative du coup d'État en 2002, une sorte d'anarchie s'est installée dans le pays : l'entrée des représentants des partis politiques et surtout de ceux des rebelles dans le gouvernement depuis la rencontre des politiciens à Marcoussis en France y a créé un désordre. Cette situation de confusion fut profitable, à vrai dire, pour beaucoup et non pas pour les Refondateurs seulement puisque tous les élus (les maires et les députés) sont toujours là, à leurs postes, depuis dix ans, conclut mon père sur un ton pathétique.

Mais l'attitude des Français depuis la tentative de coup d'État du 19 septembre 2002 a créé un sentiment national, un certain nationalisme autour du président mal élu. De plus en plus, des intellectuels, même ceux qui ne sont pas du pays de mon père, manifestent leur amour pour celui-ci. L'homme est parfois comparé aux grands hommes politiques, aux grands combattants pour la liberté et l'indépendance de l'Afrique. Il y a un ras-le-bol panafricain qui se fait entendre de jour en jour. Les souvenirs des films documentaires sur les coups d'États en Afrique, soutenus ou préparés par des hommes politiques français, hantent les esprits. On raconte que le président mal élu est prêt à mourir en martyr pour l'amour, la liberté et l'indépendance totale de son pays, de l'Afrique, par ricochet. Moi Jeannot, je n'avais jamais pensé que la politique pouvait à ce point conduire les gens ; moi qui résumais la politique aux discours, aux déclarations subtiles. Les Africains, me confia mon père, réclament Respect : le respect de leur personne, le respect de leur contient, le respect de leurs institutions. Toute ingérence dans les affaires d'un pays serait désapprouvée par la population instruite. Malheureusement, me dit-il, des Africains, intellectuels n'hésitent pas, pour quelque gain personnel, à accomplir certaines tâches ignobles contre les intérêts de leur pays, contre leurs compatriotes.

Les écrits de certains journalistes locaux sont épouvantables comme s'ils seraient d'un autre monde. Il y a là une éducation à faire tant pour la gestion rigoureuse des biens publics, tant pour la culture en politique que pour l'amour civique de leur patrie. Ici en Europe, c'est cela qui est à la base de leur stabilité sociale. Sans doute à cause des leçons tirées des deux grandes guerres mondiales... murmura mon père.

Ce n'est pas tout ! Mon père me fit savoir qu'il ne savait pas lui-même, au regard de ce qui est dit çà et là, le candidat qui a remporté vraiment l'élection présidentielle dans son pays, puisqu'il est en somme question de cela. Toutefois, il y a une chose dont il était sûr : l'un des deux candidats a effectivement gagné ! Lequel ?

Mon père était convaincu que cette crise politique connaîtra tôt ou tard une fin. Ce qui lui paraissait plus important était l'après-guerre, l'après-crise électorale : la construction de leur Nation, la cohésion sociale, le bon vivre-ensemble, l'unité du pays. Aussi, le respect de l'Autorité, perdu selon lui depuis le coup d'État du 1999, et la discipline dans la société lui tiennent à cœur. Aucun progrès social ne peut être assuré sans cela, me dit-il. En tant que citoyen de son pays, il s'était interrogé beaucoup plus sur l'avenir des enfants et des jeunes ; ceux qui sont censés relever les défis du futur. C'est pourquoi tout homme politique africain devrait sérieusement penser à l'intérêt de son pays, à son développement, à l'amélioration des conditions de vie des populations, à la manière dont les Africains pourraient être enfin maîtres de leurs diverses richesses, en ayant recours à leurs intelligences, à leurs génies comme beaucoup ne cessent de le dire. Selon lui, il est grand temps de prôner, de magnifier le savoir et la connaissance : la compétence, la performance, l'expérience et le professionnalisme dans tous les domaines afin d'engendrer encore plus l'invention, la création et la production par tous ceux qui en ont potentiellement la capacité. Le mérite doit désormais être le premier critère de sélection dans toute organisation, et la recherche dans tous les domaines comme le facteur primordial, à l'instar des pays industrialisés, afin de servir de moteur du développement des pays africains. Il est temps de songer à transformer le monde africain en un Eldorado. C'est possible de le faire avec les ressources naturelles immenses que regorge le continent, avec ses hommes, ses vaillants jeunes et ses ambitieux enfants. Mon père avait dit ces phrases avec une voix empreinte d'une douce émotion. Jamais je ne l'avais vu en pareil état. Il ajouta que les politiciens africains devraient beaucoup plus songer à leur vie d'après la politique. Est-ce la peur de ne plus être au pouvoir qui amène beaucoup d'entre eux à se conduire de manière incompréhensible ? Pourquoi ? Faut-il obligatoirement être au pouvoir pour être en mesure d'apporter quelque chose à son pays ?

Au sujet du sentiment de frustration et d'exclusion des gens du Nord de son pays, il s'était demandé si cela pouvait justifier une quelconque prise d'armes…

Mon père mit une pause.

« Jeannot, dit-il d'une voix éteinte, n'aie pas peur des discours politiques malgré tout ce que je t'ai raconté, car il est possible de joindre l'acte à la parole. Avec de bonnes intentions, il est possible de faire honnêtement de son mieux et de le faire comprendre à ceux à qui l'on doit rendre compte : le peuple. Il y a des hommes politiques qu'on ne regrettera pas. Ce que je regrette profondément c'est le fait que nos politiciens, nos élites de tout bord ne soient pas en mesure de faire preuve d'intelligence pour sauvegarder ensemble ce pour lequel ils prétendent se battre : notre pays. De surcroît, quand des dirigeants arrivent au pouvoir dans beaucoup de pays africains, leurs populations doivent s'apprêter à aller déblayer les ruines qu'ils vont laisser, des ruines de toutes sortes... Je trouve inadmissible que tout un peuple, tout un pays souffre terriblement à cause de deux, trois ou quatre personnes... Je vais te dire quelque chose qui ne vient pas de moi :

Il y a une vie sans la politique ; il y a une vie après la politique.

Jeannot, je t'ai conté ce que tu voulais savoir de mon pays : pourquoi il y a présentement deux présidents de la République. Je te l'ai conté à ma façon, et de mon point de vue. Je ne suis pas un politicien ni un spécialiste de la politique, dit-il rêveur, d'un air soucieux. Je ne sais pas ce qui va se passer dans les jours à venir, vu la détermination des déstabilisateurs, des dictateurs, des opportunistes qui sont prêts à tout pour atteindre leurs objectifs mesquins. C'est à nous, gens de notre pays, de l'accepter ou pas. Je pourrais te raconter cela, si tu veux... »

À suivre…

L'auteur

Blaise Mouchi Ahua est né en 1967 à Abengourou (Côte d'Ivoire). Il est linguiste. Passionné de littérature, il se consacre depuis des années à la littérature, surtout pour les jeunes, les adolescents et les enfants.

www.blaise-ahua-books.de
www.edition-apatam.com

Du même auteur chez Edition BoD, France

www.bod.fr

Aurélia, la grande sœur !
(*enfant*)

Aurélia et la fille adoptive
(*enfant*)

Moi, un métis afro-européen : ce passage obligé

Moi, un métis afro-européen : cette inoubliable enfance

Mon papa et mon père : un petit métis raconte…
(*roman, enfant*)

Je suis demandeur d'asile

L'Exil des compatriotes en Allemagne